BEI GRIN MACHT SICH IHR WISSEN BEZAHLT

- Wir veröffentlichen Ihre Hausarbeit,
  Bachelor- und Masterarbeit

- Ihr eigenes eBook und Buch -
  weltweit in allen wichtigen Shops

- Verdienen Sie an jedem Verkauf

Jetzt bei www.GRIN.com hochladen und kostenlos publizieren

Bibliografische Information der Deutschen Nationalbibliothek:

Die Deutsche Bibliothek verzeichnet diese Publikation in der Deutschen National-bibliografie; detaillierte bibliografische Daten sind im Internet über http://dnb.d-nb.de/ abrufbar.

Impressum:

Copyright © 2016 GRIN Verlag, Open Publishing GmbH
Druck und Bindung: Books on Demand GmbH, Norderstedt Germany
ISBN: 978-3-668-19059-7

Dieses Buch bei GRIN:

http://www.grin.com/de/e-book/319766/messung-der-unbewussten-einstellung-zur-fremdenfeindlichkeit-in-deutschland

Anonym

Messung der unbewussten Einstellung zur Fremdenfeind-lichkeit in Deutschland mit dem impliziten Assoziations-test

GRIN Verlag

GRIN - Your knowledge has value

Der GRIN Verlag publiziert seit 1998 wissenschaftliche Arbeiten von Studenten, Hochschullehrern und anderen Akademikern als eBook und gedrucktes Buch. Die Verlagswebsite www.grin.com ist die ideale Plattform zur Veröffentlichung von Hausarbeiten, Abschlussarbeiten, wissenschaftlichen Aufsätzen, Dissertationen und Fachbüchern.

Besuchen Sie uns im Internet:

http://www.grin.com/

http://www.facebook.com/grincom

http://www.twitter.com/grin_com

Indirekte Messung der Einstellung zur Fremdenfeindlichkeit in Deutschland

Abschließende Hausarbeit des Moduls Markt- und Werbepsychologie

EUROPÄISCHE FERNHOCHSCHULE HAMBURG

STUDIENGANG BETRIEBSWIRTSCHAFT UND WIRTSCHAFTS-PSYCHOLOGIE

12. März 2016

Inhaltsverzeichnis

Abbildungsverzeichnis

Einleitung

Das Jahr 2015: 612 Gewaltdelikte mit fremdenfeindlichem Hintergrund, 1005 Angriffe auf Flüchtlingsheime (www.tagesschau.de). Die Zahlen des Bundesinnenministeriums sind alarmierend. Umso mehr, wenn man den Anstieg im Vergleich zu 2014 sieht und davon ausgehen kann, dass die Dunkelziffern weitaus höher liegen.

Dazu erhalten fremdenfeindliche Organisationen wie AfD, Pegida und Co. stetig mehr Zulauf, Demonstrationen gegen die aktuelle Flüchtlingspolitik häufen sich, Flüchtlinge sehen sich nahezu täglich neuen Anfeindungen gegenüber.

Es scheint, als gäbe es in Deutschland ein verstärktes Problem mit Fremdenfeindlichkeit. Aber woher kommt das? Ist bei diesen Menschen die Einstellung Fremden gegenüber generell negativ? Da es in der heutigen, modernen Zeit nicht dem Ideal entspricht und Fremdenfeindlichkeit nicht mit der breiten, öffentlichen Meinung einhergeht, gehen die wenigsten mit ihrer wahren Einstellung in die Öffentlichkeit. Aus Angst vor negativem Feedback oder sozialem Ausschluss behalten sie ihre Meinung lieber für sich. Seit dem zweiten Weltkrieg ist eine fremdenfeindliche Haltung unerwünscht, die Erinnerungen an das Nazideutschland vergangener Tage sollen dazu Warnung genug sein. Aber nun, wo Gleichgesinnte die Straßen füllen, trauen sich offenbar immer mehr Menschen mit ihren fremdenfeindlichen Ansichten in die Öffentlichkeit.

Um herauszufinden, wie die tatsächliche Einstellung der Menschen gegenüber Fremden ist, muss eine geeignete Methode zur Messung gefunden werden. Hierbei unterscheidet man zum einen explizite Einstellungen, die mit direkten Methoden gemessen werden, und zum anderen die impliziten Einstellungen, die mit indirekten Methoden gemessen werden.

n der nachfolgenden Arbeit wird die implizite (unbewusste) Einstellung zur Fremdenfeindlichkeit in Deutschland untersucht, und zwar mit dem impliziten Assoziationstest (IAT).

Nach einer Einführung zum Begriff Einstellungen wird das Thema Fremdenfeindlichkeit sowie der aktuelle Forschungsstand dazu näher betrachtet. Anschließend werden mögliche Verfahren zur Messung vorgestellt, wobei insbesondere auf den impliziten Assoziationstest als geeignetes Messverfahren eingegangen wird. Eine persönliche Stellungnahme sowie die Einschätzung zur Umsetzung der Methode bilden den Abschluss der Arbeit.

1. Einstellungen

1.1 Was sind Einstellungen?

„Einstellungen sind positive, negative, oder gemischte Gefühle aufgrund von Überzeugungen, die uns dafür prädisponieren, in bestimmter Weise auf Gegenstände, Menschen und Ereignisse zu reagieren." (Myers, 2008, S. 644).

Einstellungen von Menschen stellen einen wichtigen Teil der Psychologie dar, da ein Einfluss auf das Verhalten angenommen wird (Asendorpf & Neyer, 2012). Als Kernbereich der Sozialpsychologie wird der Begriff gemäß Maio und Haddock (2010, S.4) als *„eine Gesamtbewertung eines Objekts, die auf kognitiven, affektiven und verhaltensbezogenen Informationen beruht."* beschrieben.

Die Einstellungsforschung beschäftigt sich unter anderem mit Einstellungen zu Politik, Gesundheit oder Konsumentenverhalten. Einheitliche Verfahren zur Untersuchung der Einstellungen zu diesen Themen gibt es nicht, da jedes Einstellungsobjekt für sich zu spezifisch ist (Asendorpf & Neyer, 2012).

Man unterscheidet zwischen impliziten und expliziten Einstellungen, die jeweils mit verschiedenen Messmethoden untersucht werden.

1.2 Explizite und implizite Einstellungen

Explizite Einstellungen sind bewusste Bewertungen, die abgegeben werden, sobald nach der Einstellung zu bestimmten Objekten gefragt wird. Sie lassen sich in Form von Fragebögen oder Interviews abfragen und beziehen sich auf die kognitive Ebene. Das Problem bei expliziten Einstellungen besteht darin, dass sie Einflüssen unterliegen und es somit zu Verzerrungen bei den Antworten kommt, die zwar bewusst gegeben werden, aber nicht das individuelle Verhalten widerspiegeln. So kommt es, dass bei Untersuchungen ein geringer Zusammenhang zwischen Einstellung und Verhalten vorliegt. (Asendorpf & Neyer, 2012; Aronson, Wilson, Akert, 2008)

Daher wird in der Forschung verstärkt die implizite Einstellung untersucht. Diese beziehen sich auf die affektive Ebene und sind dem Bewusstsein nur in bestimmten Fällen oder gar nicht zugänglich (Asendorpf & Neyer, 2012).

Jedem Objekt gegenüber kann man sowohl explizite als auch implizite Einstellungen haben. Aronson et al. (2008) führen einen weißen Studenten als Beispiel auf, der einerseits explizit für die Gleichstellung von Minderheiten eintritt und Rassenvorurteile verabscheut, implizit aber gleichzeitig durch seine Kultur (und die damit verbundenen negativen Stereotypen) unbewusste, negative Gefühle in Gesellschaft von Afroamerikanern aufweist.

1.3 Zentrale Erkenntnisse zu Einstellungen

Unser Gehirn verfügt über zwei Systeme der Informationsverarbeitung. Das eine arbeitet dabei bewusst (explizit), das andere unbewusst (implizit). Das explizite System wird als Pilot bezeichnet, das ein reflektiertes und bewusstes Verhalten erzeugt, während das implizite System als Autopilot funktioniert und spontanes Verhalten fördert.

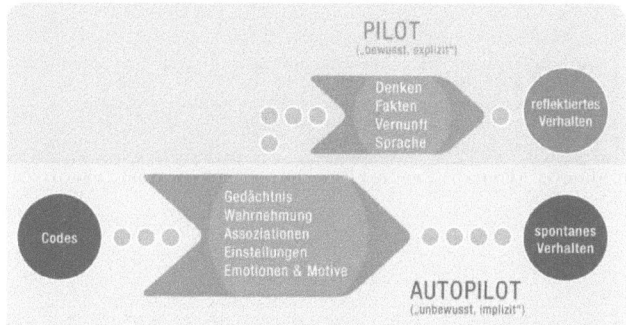

Abb. 1.1 Graphische Darstellung der zwei Systeme im Gehirn (Quelle: http://www.stroeer.de/magazin/werbewirkung.html)

Wie bereits erwähnt, entspricht das Verhalten nicht immer der expliziten Einstellung, so dass im Laufe der Zeit Verfahren entwickelt wurden, die eine Messung der impliziten Einstellung ermöglichen und damit die Vorhersagen für ein Verhalten stark verbessern. Der populärste Test ist der implizite Assoziationstest (IAT) von Greenwald, McGhee und Schwarz (1998). Daneben gibt es weitere Verfahren zur Messung der impliziten Einstellung, von denen nachfolgend einige genannt werden. Diese werden in der Forschung entweder unterteilt nach reaktionsbasierenden oder psychophysiologischen Verfahren (Werth & Meyer, 2008), oder in die drei Bereiche quantitativ, apparativ und qualitativ.

- Brief IAT, Siriam und Greenwald, 2009

- Evaluative Movement Assessment (EMA), Brendl, Markman & Messner, 2005

- Herzraten – EKG, Einthoven, 1903

- Extrinsic Affective Simon Task (EAST), de Houwer, 2003

- Go/No-go Association Task (GNAT), Nosek & Banaji, 2001

- Affect Misattribution Procedure, Payne, Cheng, Govorun & Stewart, 2005

- Stroop Effekt, MacLeod, 1991

2. Indirekte Messung der Einstellung zur Fremdenfeindlichkeit

2.1 Fremdenfeindlichkeit

Der Begriff Fremdenfeindlichkeit wird in der Wissenschaft auch als Xenophobie bezeichnet und wird in enger Verbindung mit dem Begriff Ausländerfeindlichkeit verwendet. Eine allgemeingültige Definition für den Begriff Fremdenfeindlichkeit scheint es nicht zu geben, dafür diverse Ansätze von Interpretationen. Die einen verbinden mit dem Begriff die negative Einstellung gegen Ausländer allgemein, bei anderen wiederum impliziert der Begriff alles, was einem fremd ist und demgegenüber man negativ eingestellt ist.

Nach Zick (1997) wird Fremdenfeindlichkeit bspw. durch „*tätliche Übergriffe auf Ausländer, Flüchtlinge, Asylbewerber und anderer Mitglieder ethnischer, religiöser und sozialer Minderheiten*" definiert. Im polizeilichen Bereich heißt es gemäß Neubacher (1998) dagegen:

„*Fremdenfeindliche Delikte sind Straftaten, die in der Zielrichtung*

- *gegen Personen begangen werden, denen Täter (aus intoleranter Haltung heraus) aufgrund ihrer tatsächlichen oder vermeintlichen Nationalität, Volkszugehörigkeit, Rasse, Hautfarbe, Religion, Weltanschauung, Herkunft oder aufgrund ihres äußeren Erscheinungsbildes ein Bleibe- und Aufenthaltsrecht in der Wohnumgebung oder in der gesamten Bundesrepublik bestreiten oder*

- *gegen sonstige Personen/Institutionen/Objekte/Sachen begangen werden, bei denen Täter aus fremdenfeindlichen Motiven heraus handeln* "

Im Kern scheinen aber alle Interpretationen darauf hinauszulaufen, dass sie mit dem Begriff Fremdenfeindlichkeit hauptsächlich die negative Einstellung vor allem gegen Nicht-Deutsche Mitbürger oder Asylanten/Asylsuchende verbinden.

Fremdenfeindlichkeit ist in Deutschland seit Jahren ein ständiges und leider weit verbreitetes Thema, und nicht erst seit den 90er Jahren. Aktuell sind die Ausmaße von Fremdenfeindlichkeit aufgrund der Flüchtlingskrise wieder recht präsent. Kaum ein Tag, an dem nicht über fremdenfeindliche Übergriffe auf Flüchtlinge, Asylanteheime, etc. berichtet wird. Die Flüchtlingskrise und die damit verbundenen Geschehnisse spalten die Gesellschaft. Die einen wollen weltoffen sein und pflegen eine entsprechende Willkommenskultur. Die anderen haben Angst, dass zu viele Flüchtlinge nach Deutschland kommen und es dadurch zu vermehrten Straftaten oder gar Anschlägen wie in Frankreich oder der Türkei kommt. Dass dies offenbar immer mehr Menschen so empfinden, verdeutlicht folgende Grafik. Demnach ist die Befürchtung, dass zu viele Flüchtlinge ins Land kommen, innerhalb kürzester Zeit relativ schnell gewachsen.

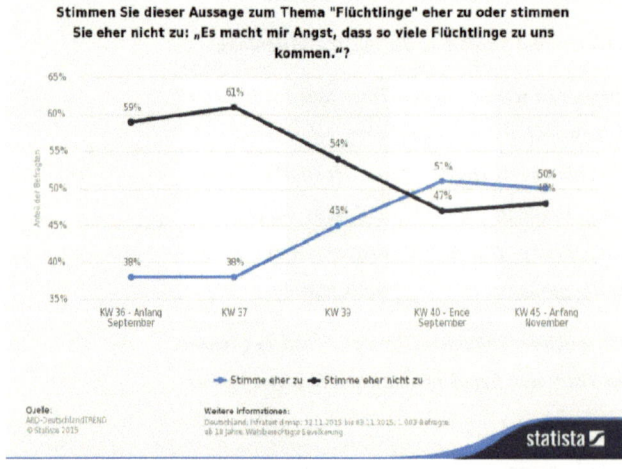

Abb. 2.1 Umfrage zur Angst vor der Vielzahl an Flüchtlingen (Quelle: http://de.statista.com/statistik/daten/studie/468870/umfrage/umfrage-zur-angst-vor-der-vielzahl-an-fluechtlingen-nach-bildung-und-einkommen/)

Insgesamt scheint die Fremdenfeindlichkeit mit den Jahren zugenommen zu haben, zumindest gefühlt. So sahen es im Jahre 2010 auch knapp über die Hälfte der Teilnehmer einer Umfrage der TNS Forschung im Auftrag von Spiegel:

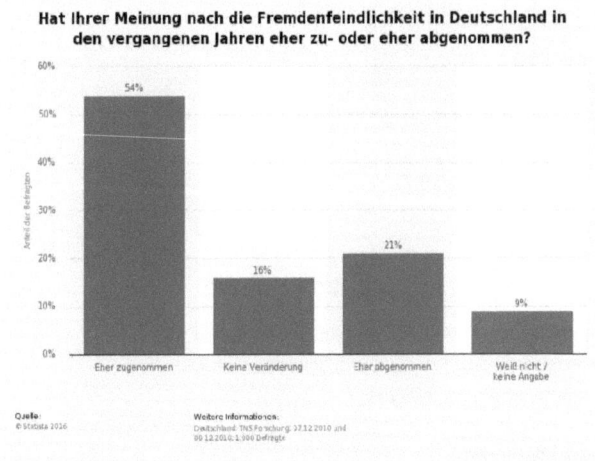

Abb. 2.2 Umfrage zur Entwicklung der Fremdenfeindlichkeit in Deutschland (Quelle: http://de.statista.com/statistik/daten/studie/169289/umfrage/meinung-zur-entwicklung-der-fremdenfeindlichkeit-in-deutschland/)

In einer aktuellen Umfrage des ZDF Politbarometers aus Januar 2016 sind über 50% der Befragten der Meinung, dass Fremdenfeindlichkeit in Deutschland stark bis sehr stark verbreitet ist.

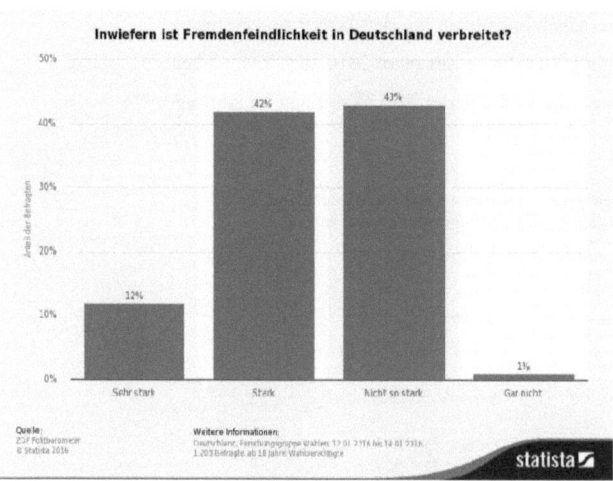

Abb. 2.3 Umfrage zur Verbreitung von Fremdenfeindlichkeit in Deutschland
(Quelle: http://de.statista.com/statistik/daten/studie/421651/umfrage/umfrage-
zur-verbreitung-von-fremdenfeindlichkeit-in-deutschland/)

2.2 Nutzen der impliziten Messung

Sind die Wahrnehmungen der befragten Teilnehmer der Umfrage korrekt, oder bereits aufgrund der Berichterstattung durch die Medien beeinflusst? Spiegeln die Ergebnisse die tatsächliche Einstellung der Menschen in Deutschland wider? Hierzu bedarf es genauerer Untersuchungen, bei denen die Einstellung gemessen werden kann.

Bei der expliziten Messung durch Fragebögen oder Interviews hat der
Teilnehmer allerdings die Möglichkeit, seine Antwort bewusst zu geben.
Ob diese allerdings auch seine innere Einstellung widerspiegelt, kann
nicht garantiert werden. Die Gefahr ist relativgroß, dass die Antworten
dem Gesellschaftsgedanken folgen und nur aus Gründen sozialer Anpas-
sung heraus gegeben werden. Sprich also, die Befragten sich lediglich
aus verschiedensten Gründen der Meinung der Masse anpassen.

Daher sollte in dem Fall die implizite Messung durchgeführt werden, bei
der das Verhalten durch die unbewusste Beantwortung der Fragen besser
vorhersagbar ist. Denn im Gegensatz zur expliziten Messung bleibt dem

Probanden bei dieser Art der Messung keine Zeit, über die Antworten nachzudenken. Daraus resultieren viel bessere Messergebnisse, die valide sind und die korrekte Einstellung des Probanden zum Thema Fremdenfeindlichkeit widerspiegeln.

2.3 Forschungsstand

Es gibt eine Reihe von Erhebungen zum Thema Fremdenfeindlichkeit. Gründe dafür gibt es ausreichend. Neben Diskriminierung oder Kriminalitätsprävention sind auch gesundheitliche Folgen wie Schlafstörungen, Depressionen oder Angstzustände zu nennen. Daher ist die Sozialwissenschaft bemüht, Ursachen der Fremdenfeindlichkeit zu untersuchen und entsprechende Gegenmaßnahmen zu erforschen.

Umfragen zum Thema Fremdenfeindlichkeit werden des Öfteren durchgeführt, bspw. für Ministerien oder Parteien. Dies geschieht durch Meinungsforschungsinstitute wie EMNID, infas, infratest oder dem Institut für Demoskopie Allensbach (Ganter, 1998). Diese Umfragen spiegeln allerdings nur Momentaufnahmen wider und sind aufgrund zu geringer Stichproben oftmals nicht repräsentativ. Zudem gibt es bei diesen Meinungsumfragen keine Möglichkeit des Vergleichs, da die Fragen zum Thema Fremdenfeindlichkeit sich von Mal zu Mal ändern. Aus diesem Grund stützt man sich bei der Forschung zu Fremdenfeindlichkeit eher auf dauerhafte und repräsentative Erhebungen, von denen nachfolgend einige beschrieben werden.

Zu den langfristigen Projekten, die regelmäßig und repräsentativ durchgeführt werden, gehört bspw. die Allgemeine Bevölkerungsumfrage der Sozialwissenschaften (ALLBUS) des GESIS Leibniz-Instituts. Dieses Projekt wird von Bund und Ländern finanziert und führt seit 1980 im Abstand von jeweils 2 Jahren die sogenannten ALLBUS-Studien durch. Dabei gibt es jeweils einen speziellen Themenschwerpunkt mit gleichbleibenden Fragen. (www.gesis.org)

Bereits 1996 wurde erstmals das Thema „Einstellungen zu ethnischen Gruppen in Deutschland und zur Immigration" in das Programm aufgenommen. Hierbei soll anhand entsprechender Fragen bspw. erforscht werden, wie die seit Jahren erfolgende Einwanderung von Ausländern akzeptiert und bewertet wird. Oder welche Einstellung zu den verschiedenen Immigrationsgruppen existiert, bzw. wie sich diese im Laufe der Zeit geändert hat (Tränhardt, 2000). Im Jahr 2006 sowie auch aktuell für 2016 wurden bzw. werden die Erhebungen als Replikation der ALLBUS 1996 erneut durchgeführt.

Ähnlich wie bei ALLBUS verhält es sich mit dem Eurobarometer-Programm. Dieses 1973 eingeführte Programm ist von der Europäischen Kommission beauftragt und beinhaltet die dauerhafte Beobachtung der öffentlichen Meinung. Alle halbe Jahre werden Umfragen in den EU-Ländern zu verschiedenen Themen wie Soziales, Kultur oder Umwelt durchgeführt. Fragen zu Einstellungen zur EU oder deren Institutionen bleiben dabei gleich, die Themenschwerpunkte ändern sich dagegen kontinuierlich (Petersen, 2012). In den Jahren 1988, 1997 und 2000 gab es eine europaweite Umfrage zu „Rassismus und Ausländerfeindlichkeit" (Weins, 2013). 1997 zeigte das „Eurobarometer zu Rassismus und Xenophobie in Europa" zum Beispiel, dass nicht nur in Deutschland, sondern in der gesamten EU ein Anstieg rassistischer Einstellungen zu erkennen war (Rommelspacher, 2002).

Auch das Institut für praxisorientierte Sozialforschung (IPOS) aus Mannheim erfasst in seinen Untersuchungen regelmäßig auch die Einstellungen der Bundesbürger gegenüber Ausländern (Ganter, 1998; Willems, 2013).

Die Bundeforschungsanstalt für Landeskunde und Raumordnung (BfLR) führt seit 1987 ebenfalls regelmäßige Umfragen zu Einstellungen gegenüber Ausländern durch (Ganter, 1998).

Nicht unerwähnt bleiben sollen die Mitte-Studien des Leibniz-Instituts für Sozialwissenschaften. Im Abstand von zwei Jahren werden hier seit 2002 durch die Leipziger Universität (von 2006 – 2012 in Zusammenarbeit mit der Friedrich-Ebert-Stiftung) repräsentative Erhebungen zu Rechtsextremismus durchgeführt. Mittlerweile gelten die Mitte-Studien als Barometer für politische Einstellungen in Deutschland (www.uni-leipzig.de).

Was die vorab genannten Erhebungen von anderen abgrenzt, ist die Möglichkeit des Vergleichs mit früheren Umfragen. Da die Fragestellungen zu verschiedenen Zeitpunkten wiederholt wurden, lassen sich fremdenfeindliche Tendenzen besser erkennen. Zudem wurden die Umfragen jeweils mit zufällig ausgewählten 1000 – 3000 deutschen Staatsangehörigen durchgeführt, was die Repräsentativität der Ergebnisse erhöht. Positiv zu bemerken ist auch, dass alle erhobenen Daten und Ergebnisse dokumentiert, einsehbar und somit überprüfbar sind. Diese werden nämlich im Zentralarchiv für empirische Sozialforschung in Köln gespeichert und sind dort für jeden zugänglich (Ganter, 1998)

Resultierend aus den Erkenntnissen der bisherigen Forschungen ist es möglich, fremdenfeindliche Tendenzen und Rechtsradikalismus rechtzeitig zu erkennen und somit einzudämmen und zu bekämpfen. Dies umfasst unter anderem Maßnahmen zur Vorbeugung bereits im Kindesalter (bspw. Projekt „Schule ohne Rassismus") und geht bis hin zu Programmen für Aussteiger aus der rechtsradikalen Szene. Zudem werden immer mehr Projekte wie ins Leben berufen, die sich aktiv gegen Fremdenfeindlichkeit und Rassismus stellen. Hier seien stellvertretend für die zahlreichen Projekte das „Bündnis Toleranz" oder das jährlich stattfindende Fest „Rock den Förster" in Jamel in Mecklenburg Vorpommern genannt.

3. Messmethodik

3.1 Vorschlag einer Messmethodik

Wie bereits vorher beschrieben, besteht bei direkten Messungen die Möglichkeit, dass die Erhebungen nicht die implizite Einstellung der Teilnehmer widerspiegelt. Das heißt, Fragebögen, Interviews oder andere offene Umfragen sind insofern nutzlos, wenn sie nicht die tatsächliche Meinung der Menschen wiedergeben. Gerade bei sensiblen Themen wie Homosexualität oder eben Fremdenfeindlichkeit halten sich die meisten Menschen bedeckt, was ihre ehrliche Meinung betrifft. Außerdem haben wir bereits festgestellt, dass Menschen unter Umständen auch nicht immer wissen, was sie denken und können dies dementsprechend auch nicht nach außen kommunizieren. In diesen Fällen entspricht das Verhalten nicht unbedingt den tatsächlichen Einstellungen.

Daher bietet sich beim Thema Fremdenfeindlichkeit eine indirekte Messung an, um die implizite Einstellung der Menschen zu ermitteln. Das hat folgende Vorteile und ist nach Weinreich (2006) auch gleichzeitig Definition von impliziten Messungen. Erstens durchschauen die Teilnehmer den Untersuchungszweck nicht, dann können sie zweitens das Ergebnis der Messung nicht bewusst beeinflussen und drittens, haben sie bei dieser Messmethode keinen bewussten Zugang zu ihren Einstellungen.

Fremdenfeindlichkeit gilt als latente Variable in der Forschung und muss daher indirekt gemessen werden. Dies soll gerade bei sensiblen Themen dafür sorgen, dass Verzerrungen möglichst minimiert werden.

Wie ebenfalls bereits angedeutet, ist die populärste Methode zur indirekten Messung der implizite Assoziationstest (IAT) von Greenwald et al. Dieser soll auch bei der Messung der Einstellung zur Fremdenfeindlichkeit verwendet werden.

3.2 Der implizite Assoziationstest (IAT)

Das reaktionszeitbasierende Verfahren wurde 1998 von Greenwald, McGhee und Schwartz entwickelt und dient der Messung von impliziten

Einstellungen. Konkret sollen hier kognitive Assoziationen von zwei verschiedenen Dimensionen (z.b. Deutscher/Ausländer und gut/schlecht) gemessen werden. Insbesondere bei solchen Themen, die in der Öffentlichkeit mit Vorurteilen verbunden sind, wird diese Methode hauptsächlich angewendet. Ziel des IAT ist es, durch den Test unbewusste Einstellungen zugänglich bzw. bewusst zu machen.

Der Aufbau des IAT ist immer gleich, lediglich die Inhalte (und dementsprechend auch die Fragen) ändern sich je nach zu messendem Einstellungsobjekt. Dabei werden dem Probanden am Computer Bilder, Symbole oder Wörter gezeigt, die er schnellstmöglich per Knopfdruck einer vorab definierten Kategorie (z.b. gut/schlecht, schön/hässlich) zuordnen muss. Der Proband antwortet unbewusst und automatisch, was zur Folge hat, dass die Antworten nicht durch bewusste Entscheidungen beeinflusst werden können. Während des Durchlaufs wird gemessen, wie lange der Teilnehmer benötigt, um einen Begriff einer der Kategorien zuzuordnen. Die Reaktionszeiten geben dann Aufschluß über Stärke und Richtung der Assoziation (Greenwald et al., 1998). Gemessen wird ab Erscheinen des Items bis zum Druck der Taste, wobei zwischen den einzelnen Items eine geringe Pause eingelegt wird, um eine Abgrenzung zu gewährleisten. Bei Items, die der Proband schnell zuordnen kann, ist die Reaktionszeit kurz. Nachdem die Reaktionszeit für mehrere Items gemessen wurde, werden diese miteinander verglichen. Bei einer schnellen Reaktion des Probanden wird dann bspw. ein positiver Zusammenhang zwischen Item und Kategorie ersichtlich.

3.3 Durchführung des IAT Fremdenfeindlichkeit

Der IAT Fremdenfeindlichkeit soll am PC durchgeführt werden und fünf Durchläufe mit mehreren Zwischenschritten umfassen. Der Teilnehmer soll während des Test seine Zeigefinger auf den Buchstaben E und I der Tastatur ruhen lassen, um schnellstmöglich reagieren zu können, sobald ein Item am Bildschirm aufleuchtet.

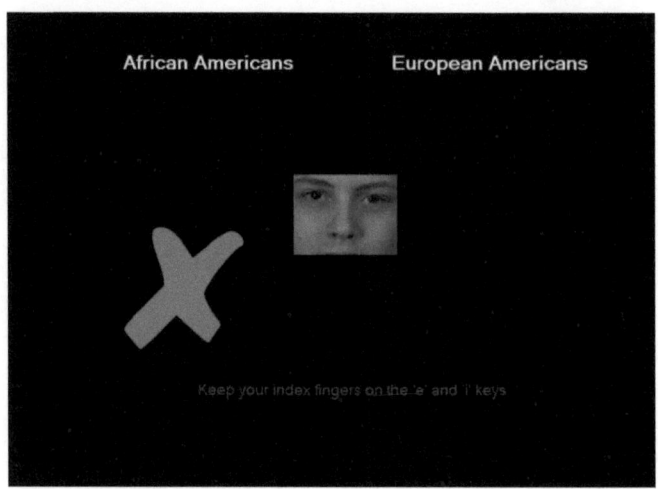

Abb. 3.1 Beispielmaske für die Zuordnung eines Items (Quelle: http://www4.ncsu.edu/~awmeade/FreeIAT/Images/IATinAction.jpg)

Die ersten beiden Durchläufe des IAT dienen dazu, dass der Teilnehmer sozusagen trainiert. Sie sind recht einfach gehalten, es geht in dabei lediglich darum, dass der Teilnehmer die Items zuordnet. Hier können bspw. in Durchgang eins Bilder von weißen oder farbigen Menschen gezeigt werden, die dann den Kategorien Deutscher/weiß (Taste E) oder Ausländer/farbig (Taste I) zugeordnet werden sollen. In Durchgang zwei sollen dann bspw. Wörter den Kategorien gut (Taste E) oder schlecht (Taste I) zugeordnet werden.

In Durchgang 3 werden die Kategorien nun gemischt kombiniert. Jetzt steht Taste E sowohl für Deutscher/weiß und schlecht, Taste I für Ausländer/farbig und gut. Erneut müssen diverse Items den entsprechenden Kategorien zugeordnet werden. Da nun „Ausländer/farbig" und „gut" sowie „Deutscher/weiß" und „schlecht" die gleichen Tasten belegen, kommt es dazu, dass die Einordnung schwerer fällt. Die Teilnehmer müssen sich umstellen und die Tastenkombinationen gedanklich neu sortieren. Das wird denen, die eine positive Einstellung Ausländern gegenüber haben leichter fallen als denen, die eine negative Einstellung aufweisen. Die entsprechende Reaktionszeit gibt also erste Hinweise auf die implizite Einstellung.

Beim nächsten Durchgang, Nummer vier, werden die Kategorien aus Phase 1 getauscht („Ausländer/farbig" (Taste E) oder „Deutscher/weiß" (Taste I). Es erscheinen erneut Items, die dann entsprechend zugeordnet werden sollen.

Durchgang fünf ähnelt den Teilnehmern wie Durchgang drei. Auch hier werden wieder Kategorien gemischt, dieses Mal allerdings Taste E sowohl für „Ausländer/farbig" und „schlecht", Taste I für „Deutscher/weiß" und „gut". Auch hier wird es denjenigen wieder leichter fallen, schnellere Reaktionszeiten zu liefern, die eine positive Einstellung gegenüber Ausländern haben.

Nachdem alle Durchgänge abgeschlossen wurden, beginnt die Auswertung.

Zu erwähnen ist noch, dass die Reihenfolge der Items innerhalb der Durchgänge zufällig ist, und pro Kategorie gleich viele Items angezeigt werden. Bei längeren Testblöcken können sich Items wiederholen, nicht aber direkt aufeinander (Greenwald et al., 1998).

3.4 Auswertung der gewonnenen Daten

Für die Auswertung dienen im genannten Beispiel lediglich die Durchgänge 3 und 5. Anhand der Differenz der mittleren Reaktionszeit erfolgt nun die Auswertung der gewonnenen Daten. Beim IAT Fremdenfeindlichkeit werden dabei die Items bewertet, bei denen Bilder bzw. Fotos zugeordnet werden sollten. Ist die Reaktionszeit für die Zuordnung eines farbigen Menschen zu einer positiven Kategorie länger, kann man auf eine negative Einstellung gegenüber Ausländern schließen.

Ist die Reaktionszeit für mehr als 10% der Items in unter 300ms beantwortet worden, ist der Test als ungültig zu erklären. Fragen, die nicht innerhalb von 10 Sekunden beantwortet werden, sind ungültig und werden nicht ausgewertet (Greenwald et al., 1998).

Weitere Auswertungen können dahingehend erfolgen, dass soziale Gruppen (Junge, Alte, Männer, Frauen, etc.) untereinander verglichen werden um so die Tendenzen innerhalb dieser Gruppierungen zu ermitteln.

Da ein IAT mehrfach durchgeführt werden kann, sind die Ergebnisse unter Umständen nicht immer gleich. Eine exakte empirische Erhebung ist daher nicht eindeutig möglich. Daher kann der IAT Tendenzen aufzeigen, aber nicht als eindeutiger Beweis für Präferenzen dienen.

Zudem besteht auch hier die Möglichkeit von Verzerrungen, wenn Teilnehmer die Zuordnungen schnell verinnerlichen und die Intention des Tests bereits erahnen.

4. Stellungnahme und Einschätzung der Machbarkeit

Die in der Forschung angewandten Verfahren zur Ermittlung der Einstellungen von Menschen, ermöglichen eine Vorhersage der künftigen Verhalten und Tendenzen zu bestimmten Einstellungsobjekten. Da die Menschen aber nicht immer das sagen, was sie denken, müssen meiner Meinung nach Methoden her, die diese verborgenen Einstellungen messbar machen.

Der IAT ist in meinen Augen und aus heutiger Sicht ein recht gutes Instrument zur Messung impliziter Einstellungen. Das Problem ist nur, dass es nicht ganz konkret und korrekt misst, wie schon Westerhoff (2007) schrieb:

„Der IAT misst also Verborgenes, Uneingestandenes. Doch ob es sich dabei um Einstellungen, Schuldgefühle, momentane Stimmungen, Wünsche oder handfeste Vorurteile handelt, ist im Grunde noch unklar."

Natürlich ist es recht unbefriedigend, dass die Ergebnisse bei mehrfacher Durchführung der Tests nicht immer übereinstimmen und dadurch ein exaktes und empirisches Ergebnis nicht möglich wird. Somit ist das IAT als alleiniges Instrument zu Messung recht schwierig, was die Verlässlichkeit angeht. Dazu kann es durch diverse Einflüsse zu Verzerrungen kommen, die nicht vorab berücksichtigt werden können. Allerdings könnte man den IAT mit anderen, expliziten Verfahren kombinieren, um ein verlässlicheres Ergebnis zu erhalten. Auch wenn dennoch kein hundertprozentiges Ergebnis erzielt wird.

Gerade beim Thema Fremdenfeindlichkeit sehe ich aber eine eindeutige Notwendigkeit, die implizite Einstellung von Menschen zu untersuchen. Die aktuellen Geschehnisse lassen sehr darauf schließen, dass gerade in Deutschland, aber auch in anderen Teilen Europas, eine verstärkte fremdenfeindliche Einstellung vorherrscht. Dies zeigen die innerhalb der Arbeit aufgeführten Beispiele deutlich auf und spiegelt sich auch in Nachrichten, Umfragen und vor allem in sozialen Netzwerken wider. Mitunter werden dort Einstellungen von Menschen sichtbar, die man vorher nicht erkannt hat oder zumindest geglaubt hat nicht zu erkennen. Da schreibt der beste Freund fremdenfeindliche Kommentare in soziale Netzwerke oder der nette und immer hilfsbereite Nachbar steht als Demonstrant einer PEGIDA-Kundgebung auf dem Marktplatz. Ohne die aktuelle Flüchtlingskrise wäre es soweit vielleicht gar nicht gekommen und wir hätten immer noch keine Ahnung über deren Einstellung zu Fremdenfeindlichkeit.

Aus diesem Grund ist es nur vorbeugend, wenn mit Hilfe des IAT derartige Einstellungen und Tendenzen rechtzeitig aufgezeigt werden. Zwar kommen in Deutschland ohnehin viele Präventionsmaßnahmen und Interventionsprogramme zum Einsatz, aber die sind nicht wirklich effektiv und verschlimmern unter Umständen die Symptome nur (Becker & Wagner, 2013). Daher müssen auch andere Instrumente wie das IAT unterstützend mitwirken. Bei aller Kritik ist die Aussagekraft des IAT immer noch weitaus zuverlässiger als andere Verfahren und ist daher meines Erachtens nach ein wichtiges Instrument für die indirekte Messung von Einstellungen.

5. Literaturverzeichnis

Aronson, E., Wilson, T. D. & Akert, R. M. (2008). *Sozialpsychologie 6. Auflage.* München: Pearson Studium.

Asendorpf, J. B. & Neyer, F. J. (2012). *Psychologie der Persönlichkeit 5. Auflage.* Berlin Heidelberg: Springer-Verlag.

Becker, R. & Wagner, U. (2013). *Marburger Liste.* https://www.uni-marburg.de/fb04/teamwagner /marburgerliste.pdf (zuletzt besucht: 08.03.2016).

Cooper, J. & Blackman, S. (2016). *The Science of Attitudes.* New York: Routledge.

Eckert, R., Würtz S., & Steinmetz, L. (1993). *Fremdenfeindliche Gewalt.* Opladen: Leske und Budrich.

Ganter, S. (1998). *Ursachen und Formen der Fremdenfeindlichkeit in der Bundesrepublik Deutschland.* Bonn: FES Library.

http://library.fes.de/fulltext/asfo/00256toc.htm (zuletzt besucht: 07.03.2016)

Greenwald, A. G., McGhee, D. E. & Schwartz, J. L. K. (1998). *Measuring individual differences in implicit cognition: The implicit association test.* Journal of Personality and Social Psychology, *74*(6), 1464-1480.

Jonas, K., Stroebe, W. & Hewstone, M. (2014). *Sozialpsychologie.* Heidelberg: Springer-Verlag.

Martens, J. (2009). *Einstellungen erkennen, beeinflussen und nachhaltig verändern: von der Kunst, das Leben aktiv zu gestalten.* Stuttgart: W. Kohlhammer Verlag.

Myers, D.G. (2008). *Psychologie 2. Auflage.* Heidelberg: Springer Medizin Verlag.

Neubacher, F. (1998). *Fremdenfeindliche Anschläge: eine kriminologisch-empirische Untersuchung von Tätern, Tathintergründen und ge-*

richtlicher Verarbeitung in Jugendstrafverfahren . Mönchengladbach: Forum Verlag Godesberg GmbH.

Petersen, T. (2012). *Die öffentliche Meinung,* in: W. Weidenfeld/W. Wessels (Hrsg.), Jahrbuch der Europäischen Integration 2012, Baden-Baden 2012, S. 369-378.

Rommelspacher, D. (2002). *Anerkennung und Ausgrenzung: Deutschland als multikulturelle Gesellschaft.* Frankfurt/M.: Campus Verlag GmbH.

Thränhardt, D., Hunger, U. (Hrsg.) (2000). *Einwanderer-Netzwerke und ihre Integrationsqualität in Deutschland und Israel.* Heidelberg: LIT Verlag.

Weinreich, A. (2006) *EID.*

http://fechner.uni-graz.at/team/weinreich/EID_Implicit_Association _Test-IAT.pdf (zuletzt besucht: 08.03.2016).

Weins, C. (2004). *Fremdenfeindliche Vorurteile in den Staaten der EU.* Wiesbaden: VS Verlag für Sozialwissenschaften.

Werth, L. & Mayer, J. (2008). *Sozialpsychologie.* Heidelberg: Springer Spektrum.

Westerhoff, N. (2007). *Vorurteils-Forschung: Test offenbart geheime Gedanken.* Spiegel Online. http://www.spiegel.de/wissenschaft/mensch/vorurteils-forschung-test-offenbart-geheime-gedanken-a-502193.html (zuletzt besucht: 10.03.2016).

Zick, A. (1997). *Vorurteile und Rassismus – eine sozialpsychologische Analyse.* Münster: Waxmann.

http://www.gesis.org/allbus/allbus-home/ (zuletzt besucht: 07.03.2016).

http://research.uni-leipzig.de/kredo/mitte-studien.html (zuletzt besucht: 09.03.2016).

http://www.stroeer.de/fileadmin/_migrated/pics/Grafik2_Code_Autopilot
.jpg (zuletzt besucht: 07.03.2016).

https://www.tagesschau.de/inland/rechtsextremismus-gewalt-101.html
(zuletzt besucht: 07.03.2016).

http://www4.ncsu.edu/~awmeade/FreeIAT/FreeIAT.htm
(zuletzt besucht: 10.03.2016).